Eagles

2025 POST SEASON

26년의 기다림

함성의 파도

오늘의 눈물은 내일의 날개가 된다

드디어, 우리가 기다리던 시간이 왔다!
세상이 우리를 외면해도, 우리는 끝까지 목소리를 냈으며
이 주황빛 파도 속엔, 26년의 시간과 이름 모를 눈물이 있었고
누구의 명령도 아닌, 팬들의 심장이 만든 시간이었다.

HANWHA EAGLES

006 / 007

다시 날아오르다

한화팬의 26년 기다림이 만들어낸 감동의 시즌을 기록한다

승리보다 값진 건, 포기하지 않은 우리였다.
이 날의 불빛은, 내년 봄까지 꺼지지 않을 것이다.
결국, 우리는 함께 울었고 함께 웃었다.
이 고개 숙임은 패배가 아니라, 사랑의 인사였다.

승리의 폭죽이 밤하늘을 가르자, 관중석을 가득 채운 팬들의 함성도 함께 별처럼 터져 올랐다.

우리의 응원, 그 자체가 이미 역사였다!

2025 POST SEASON　　　　　　　　　　　　　　　　　　　　　　　　　　　　　　　　　　FANBOOK

> 주황빛으로 물든 관중석 위로 'IT IS TIME'이 펼쳐지자,
> 팬들의 뜨거운 염원이 하나의 거대한 심장처럼 뛰기 시작했다.

> 주황 물결이 일제히 들어 올린 '포스트 시즌 우승'의 염원이,
> 관중석 전체를 하나의 거대한 약속처럼 빛나게 했다.

치어리더의 응원 모습은 춤이 아니라, 불씨였다. 그녀들이 외친 '파이팅'은 단순한 구호가 아니라, 한화의 언어였다.

그녀들이 팔을 들면 관중이 일어났고 함성은 서로의 호흡이었다.

모두가 믿는다 — 오늘은 다를 거라고, 이 함성은 승리를 부르지 않았다. 단지, 26년의 기다림을 안아주었을 뿐이다.

폰세의 환호는 우리를 미치게 한다. 우린 확신한다. 폰세는 승리의 화신이란 걸.

문동주가 두 팔을 번쩍 들어 승리를 외치자, 관중석의 팬들도 그 기쁨을 뜨겁게 받아 안으며 하나의 거대한 함성으로 응답했다.

채은성이 안타로 1루를 밟는 순간, 뒤편의 팬들은 기다렸다는 듯 뜨거운 함성으로 그 기세를 더욱 힘차게 밀어 올렸다.

포스트시즌의 거대한 주황 깃발이 힘차게 휘날리자, 팬들의 응원도 함께 폭발하며 경기장을 압도적인 열기로 뒤덮었다.

우린 폭풍 속에서도 멈추지 않는다.

한 사람의 열정을 넘어 경기장을 밝히는 또 하나의 불빛이었다.

그날, 주황빛 함성은 구름을 뚫고 하늘로 번졌다.
사람들은 울었고, 웃었고, 서로를 끌어안았다.

세상에서 가장 뜨겁게 응원해 주신 팬들에게 준우승으로 모든 경기를 마치고 인사하고 있다.

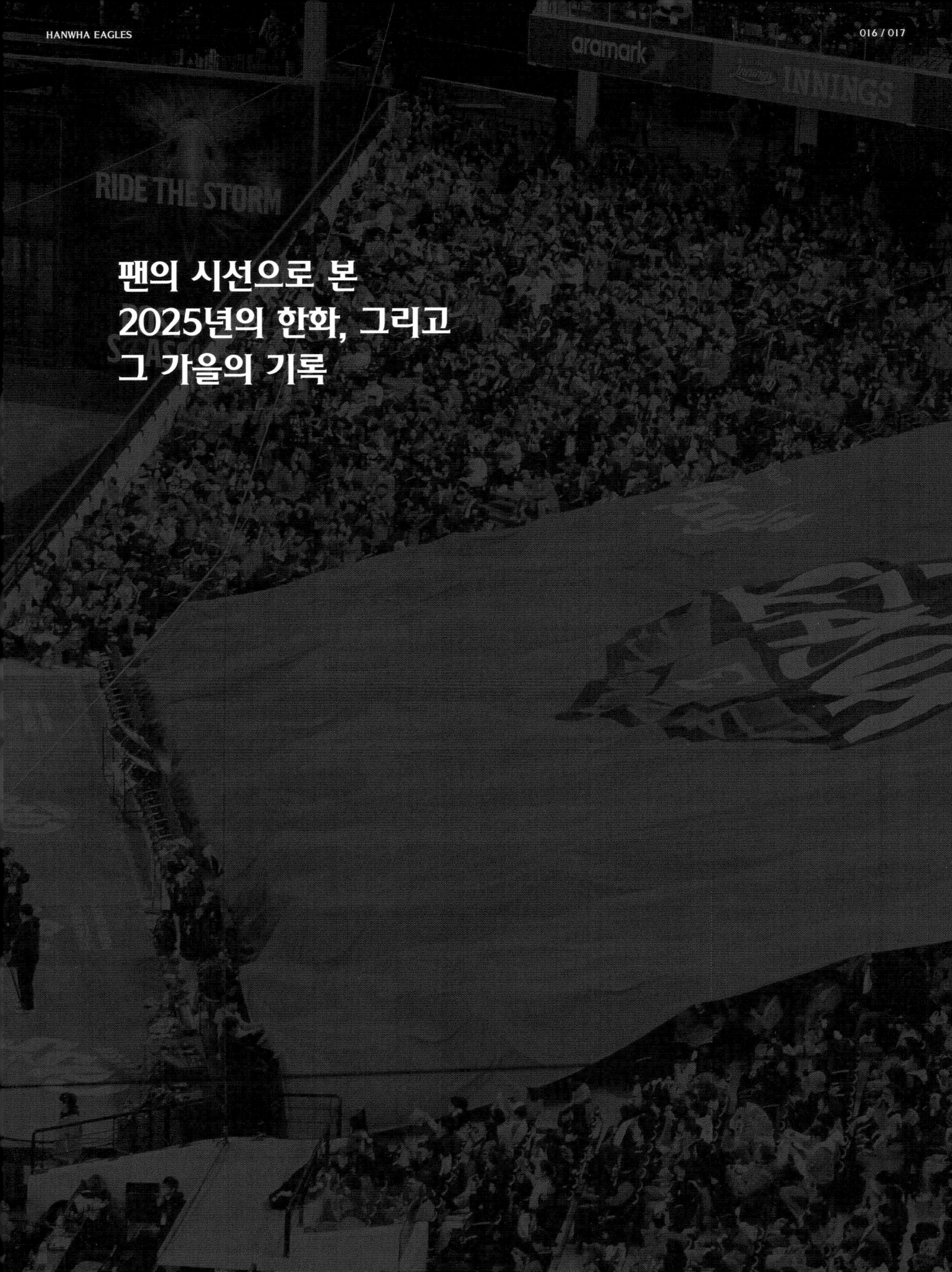

팬의 시선으로 본 2025년의 한화, 그리고 그 가을의 기록

한화의 가을 야구장은 올해 유난히 차가웠습니다.
단순히 계절이 바뀌어서가 아니라, 오랜 기다림 끝에 맞이한 가을이기에 그 공기는 더욱 묵직했습니다.
대전 한화생명 볼파크의 주황빛 물결은 마지막 아웃카운트와 함께 깊은 침묵으로 변했습니다.
그 침묵에는 26년의 기다림, 세대를 넘어 이어진 응원과 염원이 스며 있었습니다.
팬들은 오랜 시간 이 팀과 함께 웃고 울며, 좌절 속에서도 희망의 끈을 놓지 않았습니다.
한화라는 이름이 단순한 구단이 아니라 하나의 '신념'으로 자리 잡았기 때문입니다.
그리고 2025년, 모두가 꿈꾸던 순간이 눈앞에 다가왔습니다.
강력한 선발진과 완벽히 조화된 불펜, 폭발적인
타선과 안정된 수비까지. 모두가 말했습니다. "올해는 다르다. 이 팀은 준비가 되어 있다."
그러나 승부의 신은 언제나 냉정했습니다.
가장 뜨거운 순간, 한화는 아쉽게도 그 벽을 넘지 못했습니다.
이길 수 있었던 경기들이 손가락 사이로 빠져나가며 팬들의 가슴에는 허탈함이 남았습니다.
누구의 잘못을 따지기보다는, 한순간의 선택과 판단이 만들어 낸 결과였습니다.
팬들은 그 장면 속에서 '야구의 냉혹함'을 다시금 배웠습니다.
감독의 용병술과 경기 운영에는 아쉬움이 있었습니다.
하지만 그 역시 누구보다 승리를 원했던 사람이며, 수많은 고민 끝에 내린 선택들이었습니다.
결과는 냉정했지만, 그 과정에는 분명 배움과 성장이 있었습니다.
야구는 언제나 결과로 평가받지만, 그 뒤에는 수많은 도전과 시도가 존재합니다.
한화의 가을은 비록 준우승으로 끝났지만,
그 과정 속에서 선수들은 한층 더 단단해졌고, 팬들은 여전히 그 자리를 지켰습니다.
이것이 한화라는 이름의 진짜 힘입니다.
우리가 기억해야 할 것은 패배의 순간이 아니라, 그 패배 속에서도 꺼지지 않았던 팀의 열정입니다.
언젠가 다시 찾아올 그날,
이 화보집의 한 장면 한 장면이 오늘의 눈물을 이겨 낸 증거가 되길 바랍니다.
그것이 한화 팬으로서, 그리고 한화라는 팀이 우리에게 남긴 가장 큰 선물일 것입니다.

THE HANWHA EAGLES' PREPARATIONS AND SOARING JOURNEY. SPRING TRAINING, THE SEASON BEGINS AGAIN HERE. TRAINING WASN'T PAIN, BUT PROMISE.

준비와 비상의 여정, 이곳에서 다시 계절이 시작됐다.
훈련은 고통이 아니라, 약속이었다.

2025 POST SEASON　　　FANBOOK

Eagles

SPRING CAMP
다시 시작된 믿음

이곳에서 다시 계절이 시작됐다.

윤규진 코치
우리가 쌓는 것은 근육이 아니라 팀워크다.

실수를 두려워하지 말라.
그게 성장의 첫 장이다.

김경문 감독

추승우 코치
한 명 한 명의 스윙에 집중하며 이글스 타선에 새로운 숨결을 불어넣고 있다.

김우석 코치
하루의 훈련은 잠깐이지만, 그 자세는 한 시즌을 바꾼다.

양상문 코치

노시환 / 정현석 코치

양승관 코치

김정민 코치

선수들이 웃을 수 있는 야구를, 팬이 믿을 수 있는 팀을 만든다.

김민호 코치

김재걸 코치

오늘의 투구가
내일의 전설이 된다.

류현진

폰세
한 구, 한 구에 내 이름을 새긴다.

문동주

김서현
공 하나로 팀을 살리고, 한 점으로 팬의 숨을 멈춘다.

와이스

정우주
마운드 위 그의 눈빛은 새 시즌을 향한 자신감으로 빛나고 있었다.

김범수

정우주

조동욱

마운드에 서는 건, 언제나 두려움을 이긴 자만의 특권이다.

한승혁

황준서

주현상

박부성

권민규

엄상백

이상규

한화이글스 선수단

빠른 공보다 빠르게 생각하고,
무거운 공보다 강하게 믿는다.

노시환
홈런은 기록이지만, 타석에 서는 건 신념이다.

채은성
방망이는 손이 아니라, 마음으로 치는 것이다.

심우준

김태연

문현빈
볼 하나에 주저하지 않는다.
우리에겐 기다림보다 타격이 어울린다.

이원석

한지윤
가장 조용한 자리에서, 가장 큰 싸움을 한다.

최재훈
눈빛 하나로 팀을 이끄는 게 포수의 야구다.

허인서
투수가 흔들릴 때, 경기는 내 어깨로 넘어온다.

폰세 / 와이스 가족

폰세 / 와이스

플로리얼

캠프 종료 / 봄은 끝났지만, 준비는 계속됐다.

GRAND OPEN
대전 한화생명 볼파크 개장

한화의 야구는 이제,
이곳에서 시작된다.

PITCHERS
마운드의 투혼

정우주

2025년 시즌 첫 경기 시작 "몸 한 번 풀어 보자구."

류현진

김서현

혼자 던지지만,
함께 버틴다.

이태양

한승혁

박상원

정우주

와이스

김범수

황준서

김종수

폰세

문동주

류현진

와이스

에이스는
직급이 아니라,
태도다.

윤산흠

폰세

조동욱

BATTERS
타석의 신념

하주석

채은성

노시환

이진영

스윙은 단 한 번의 믿음이다.

심우준

손아섭

문현빈

허인서

이도윤

황영묵

노시환

하주석

이 한 방이,
우리의 봄을 바꿨다.

리베라토

최인호 홈런

문현빈

채은성

채은성

최인호

문현빈

이원석

리베라토

이도윤

김태연

누구의 타점이든
모두의 점수였다.

이진영

김태연

손아섭

황영묵

노시환

하주석

김인환

심우준 / 문현빈 / 최재훈

노시환

이원석 / 와이스

리베라토

심우준

김태연

리베라토

DEFENSE & FIELD
수비의 집중

이원석

이원석

문현빈

최인호 / 공 하나를 잡기 위해 모든 걸 던진다.

HANWHA EAGLES

심우준

하주석

경기를 읽는 건
포수의 눈이다.

허인서

이재원

한 순간의 집중이
한 시즌을 구한다.

이도윤

최재훈

노시환

LEGACY & REFLECTION
여운과 기록

2025 POST SEASON　　　　FANBOOK

포스트시즌 출정식

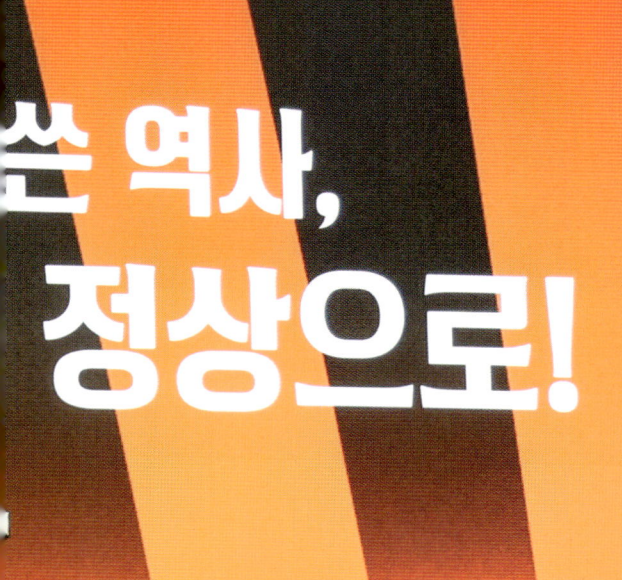

한국시리즈 진출

우리는 이 순간을 위해 달려왔다.

구단 최초 100만 관중 돌파

최다 매진 62회

포스트시즌 불꽃놀이

축하 공연 - 트랜스픽션

류현진 1400 탈삼진

폰세 한 경기 최다 탈삼진 18K

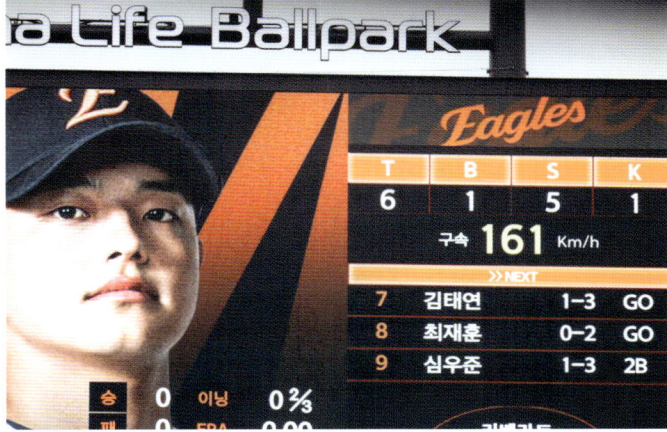

문동주 / 최고 구속 161 km 달성

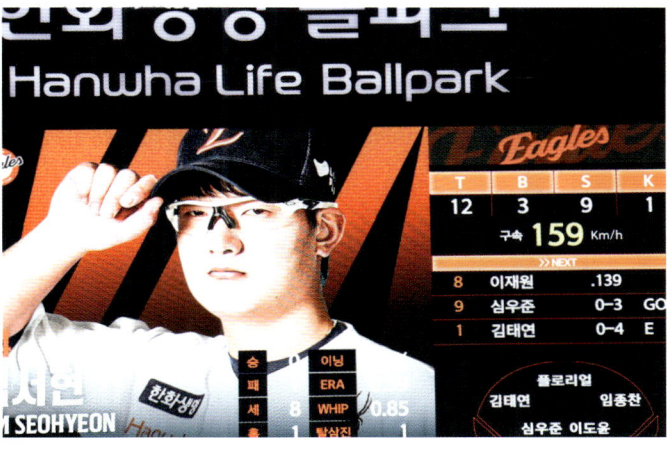

김서현 / 최고 구속 159 km 달성

폰세 / 최소 경기 200 탈삼진 달성

류현진 / 9시즌 연속 100 이닝 달성

손아섭 / 역대 최초 2,600 안타 달성

한화이글스 68,000 루타 달성

채은성 / 8시즌 연속 100 안타 달성

노시환 / 100 홈런 달성

최재훈 / 1,300 경기 출장

김경문 감독 / 감독 통산 1,000 승 달성

2025년, 우리는 진심으로 뜨거웠다.

올스타전 선수단 단체 사진

시즌 마지막 현수막

2026년 신인드래프트 단체 사진

A RUNNER-UP FINISH WAS EVEN MORE PASSIONATE THAN WINNING. THESE TEARS AREN'T A SIGN OF GIVING UP, BUT A PROMISE. THE HANWHA EAGLES' PLAYOFF RUN WILL CONTINUE.

우승보다 뜨거웠던 준우승. 이 눈물은 포기가 아닌 약속이다.
한화이글스의 플레이오프는 계속될 것이다.

2025 POST SEASON　　　FANBOOK

Eagles

Hanwha Eagles

1차전
10월 18일 - 1차전 (한화 9 : 8 삼성)

PLAY OFF

첫 경기, 첫 구. 믿음으로 시즌을 이어 던진 사나이.

불같은 공 하나로, 팀의 심장을 다시 뛰게 하다.

포효하듯 날아오른 타구, 그 순간 한화의 심장이 뛰었다.

이 순간, 모두의 목소리가 하나가 되었다 — 가자, 한화!

Hanwha Eagles

2차전

10월 19일 - 2차전 (삼성 7 : 3 한화)

PLAY OFF

2025 KBO POST SEASON

뜨거운 응원 속에서도 그는 차분했다

젊음의 불꽃이 마운드 위에서 타올랐다.

박상원은 침묵으로 던졌다. 말 대신 공이 모든 것을 대신한다.

리베라토, 낯선 땅에서도 팀의 심장을 대신 뛰게 했다.

3차전
10월 21일 - 3차전 (한화 5 : 4 삼성)

PLAY - OFF

문동주의 직구는 승리의 마침표였다.

하주석, 조용히 미소 짓던 그가, 결정적인 한 방으로 분위기를 뒤집었다.

류현진, 초반의 흔들림에도 끝까지 마운드를 지킨 건 자존심이었다.

하주석, 바운드 볼은 빠르다. 그러나 그의 글러브는 그보다 빨랐다.

패색이 짙어도, 그들의 함성은 멈추지 않았다.

누군가의 환호가 아닌, 모두의 외침이었다.

문동주를 격려하는 류현진 선수.

Hanwha Eagles

4차전

10월 22일 - 4차전 (한화 4 : 7 삼성)

PLAY OFF

2025 KBO POST SEASON

정우주, 위기의 불씨 속에서도 그는 꺼지지 않았다.

김범수, 팀이 흔들릴 때마다 그의 피칭은 울림이 되었다.

끝까지 포기하지 않는 자의 몸짓.

Hanwha Eagles

5차전

10월 24일 - 5차전 (삼성 2 : 11 한화)

PLAY - OFF

먼지를 일으키며 홈으로 들어온 순간, 승리는 이미 그의 것이었다.

은성 미소 속의 브이, 그건 승리의 약속이었다.

오렌지빛 파도, 그 속에 모든 눈물과 기쁨이 함께 있었다.

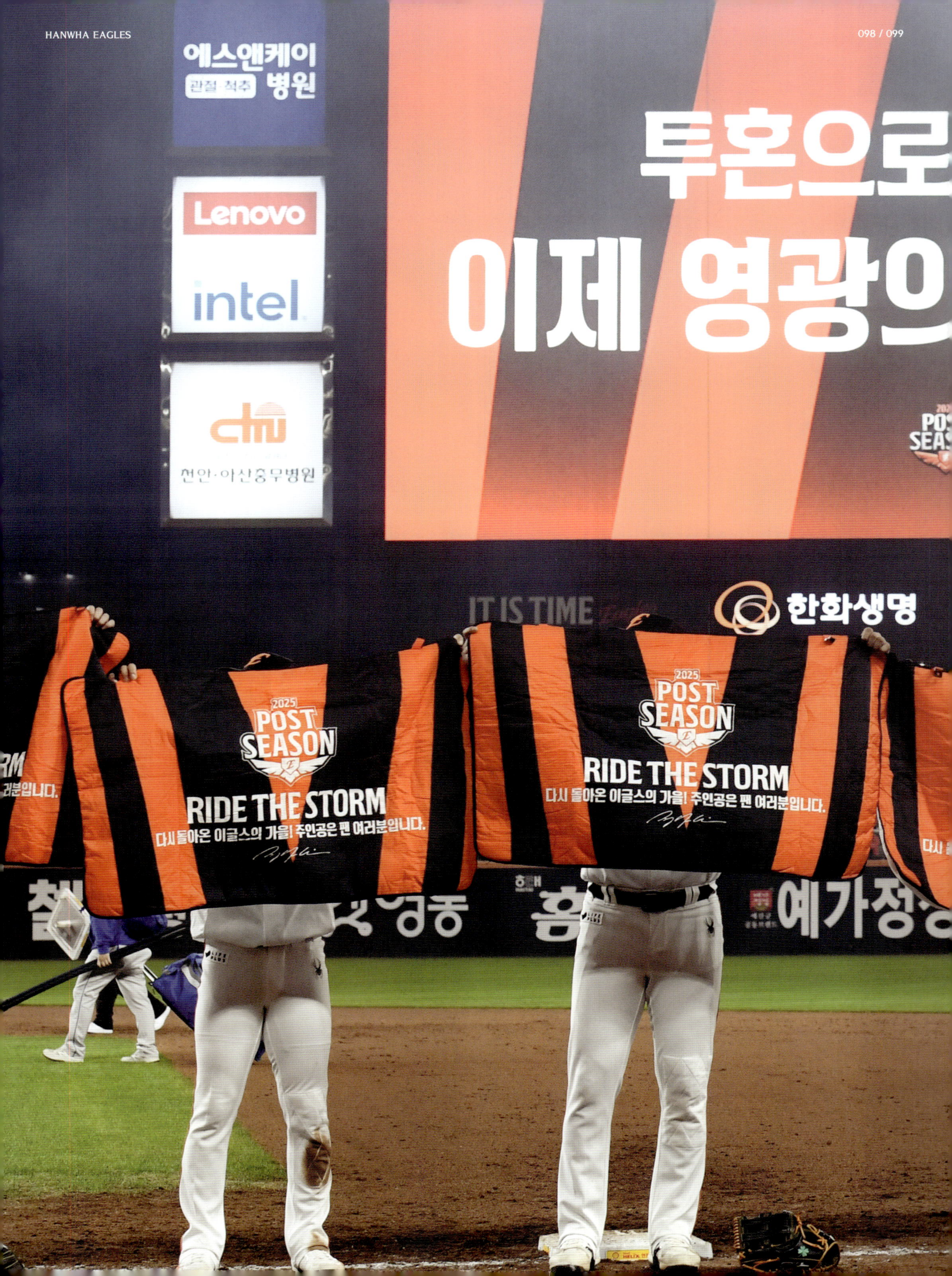
에스앤케이
관절 척추 병원
Lenovo
intel
천안·아산충무병원
투혼으로
이제 영광
IT IS TIME
한화생명
2025
POST SEASON
RIDE THE STORM
다시 돌아온 이글스의 가을! 주인공은 팬 여러분입니다.
2025
POST SEASON
RIDE THE STORM
다시 돌아온 이글스의 가을! 주인공은 팬 여러분입니다.

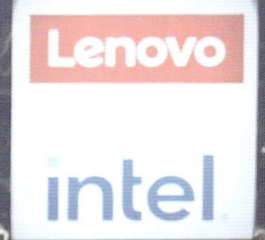

KOREAN SERIES

E vs T

Hanwha Eagles

1차전

10월 26일 - 1차전 (한화 2 : 8 LG)

2025 KBO KOREAN SERIES 신한 SOL Bank

2025 POST SEASON · FANBOOK

두 리더의 시선이 교차한 순간, 전쟁은 이미 시작됐다.

2025 KBO
KOREAN SERIES
신한 SOL Bank

26년의 기다림, 이제 진짜 가을이 열린다.

힘껏 던졌기에, 고개를 숙일 필요 없다. 우린 그대를 자랑스럽게 생각한다.

빛나는 순간에도, 흔들림은 배움이었다.

2025 POST SEASON　　FANBOOK

패배 앞에서도, 고개를 든 건 자존심이었다.

끝날 때까지 남아 있던 주황빛, 그것이 한화의 심장이다.

2차전
10월 27일 - 2차전 (한화 5 : 13 LG)

KOREAN SERIES

작은 체구의 스윙, 그러나 가장 멀리 날아간 믿음.

류현진의 어깨 위엔, 한 팀의 꿈이 걸려 있었다.

점수가 밀려도 목소리는 멈추지 않았다. 그것이 '보살팬'의 방식이다.

그의 외침은 '끝나지 않았다'는 선언이었다.

두 팔을 펼친 그 모습은, 포기 대신 희망을 품은 날개였다.

2025 POST SEASON　　　　　　　　　　　　　　　　　　　　　　　　　　　　　　　　　　　　FANBOOK

패배 후 고개를 숙이는 법을 아는 팀, 그것이 한화다.

비록 졌지만, 이 문장은 여전히 유효했다 — IT IS TIME.

3차전

10월 29일 - 3차전 (LG 3 : 7 한화)

KOREAN SERIES

그 외침엔 분노보다 눈물이 섞여 있었다.

그의 주먹이 마운드를 흔들었다. 오늘은 절대 물러서지 않겠다는 선언이었다.

젊음은 두려움을 모른다. 그의 공엔 '지금'만 있었다.

모두가 하나였다. 이 순간, 한화는 완전했다.

리더는 가장 앞에서 기다렸다. 그리고 가장 따뜻하게 맞이했다.

KOREAN SERIES

4차전

10월 30일 - 4차전 (한화 4 : 7 LG)

E vs T

2025 KBO KOREAN SERIES 신한 SOL Bank

젊은 에이스의 미소 뒤엔, 마음속 다짐이 조용히 불타고 있었다.

오늘도 그는 준비됐다. 매 순간이 경기였다.

선수와 해설, 그들의 눈빛엔 같은 바람이 있었다 — 오늘만은 웃자.

방망이를 쥔 손끝에, 팀의 운명이 달려 있었다.

그의 공은 불꽃이었다. 7이닝 동안 한화의 희망을 붙잡았다.

끝까지 울지 않겠다는 눈빛, 그것이 주장 노시환이었다.

그의 외침은 스코어보다 컸다 — '우린 아직 살아 있다!'

눈빛은 흔들렸지만, 자존심은 꺾이지 않았다.

KOREAN SERIES

Hanwha Eagles

E vs T

5차전

10월 31일 - 5차전 (한화 1 : 4 LG)

2025 KBO KOREAN SERIES 신한 SOL Bank

방망이 끝에서 울린 소리, 그건 영광의 기억이었다.

한 시대를 만든 두 남자, 마지막 무대의 문을 함께 열었다.

그의 공엔 세월이 담겼다 — 한화의 역사가 다시 던져졌다.

조용한 타격음, 그러나 그 한 방이 팀의 심장을 두드렸다.

지쳤지만 멈추지 않았다 — 그것이 한화의 방식이었다.

그가 다시 마운드에 섰을 때, 팬들은 믿음을 되찾았다.

2025 POST SEASON　　　　　　　　　　　　　　　　　　　　　　　　　　　　　FANBOOK

전투를 앞둔 장군의 눈빛이었다.

불꽃은 졌지만, 빛은 남았다

우승보다 뜨거웠던 준우승!
이 눈물은 포기가 아닌 약속이다

BASEBALL IS ULTIMATELY A PEOPLE GAME, AND WE'RE READY TO FLY AGAIN.

2025 POST SEASON　　　FANBOOK

준우승의 아쉬움과 성장의 기쁨이 함께했던 2025년 시즌.
한화이글스 코치진과 선수단은 그 모든 순간을 가슴에 품고,
2026년 새로운 비상을 준비하고 있다.

리더십의 상징
COACHING STAFF

좋은 성적을 내야 한다는 부담이 없을 수는 없지만
내가 해 오던 야구가 있습니다.
한화이글스의 장점들과 그것들을 섞어 보려 합니다.
이 정도 멤버라면 우리 팀도 잘할 수 있다고 생각하며 잘할 때도 됐어요.
나는 이기는 야구를 하고 싶습니다.
팀이 하나가 돼 올해 '할 수 있다'는 생각을 갖고 파이팅 하겠습니다.
결국 이기려면 우리 필승조들이 막아 줘야 하며 그 선수들을 믿고 기용할 것입니다.
단기전은 컨디션 싸움이며 이름값보다 흐름을 보려 합니다.

Manager

74   KIM KYUNG MOON
김경문

감독	우투우타
생년월일	1958. 11. 01
체격	175 cm / 78 kg
출신 학교	옥산초 - 동성중 - 공주고 - 고려대

주요 경력

- 1994 - 1996 삼성라이온즈 2군 배터리 코치
- 1996 삼성라이온즈 1군 배터리 코치
- 1998 - 2003 OB / 두산베어스 1군 배터리 코치
- 2004 - 2011 두산베어스 감독
- 2011 - 2018 NC다이노스 감독
- 2024 한화이글스 감독

Coach

88 YANG SEUNG KWAN
양승관

수석 코치 우투우타

생년월일	1959. 06. 02
체격	180 cm / 82 kg
출신 학교	인천 숭의초 - 동인천중 - 인천고 - 인하대
주요 경력	1991 - 1992 LG트윈스 코치
	2003 - 2004 롯데자이언츠 1군 수비 / 주루 코치
	2005 SK와이번스 1군 수비 코치
	2014 - 2016 NC다이노스 1군 수석 코치
	2017 - 2018 고양다이노스 타격 코치
	2018 NC다이노스 1군 타격 코치

79 YANG SANG MOON
양상문

투수 코치 좌투좌타

생년월일	1961. 03. 24
체격	175 cm / 83 kg
출신 학교	대연초 - 부산 동성중 - 부산고 - 고려대
주요 경력	2002 - 2003 LG트윈스 1군 투수 코치
	2004 - 2005 롯데자이언츠 감독
	2007 - 2008 LG트윈스 1군 투수 코치
	2010 롯데자이언츠 1군 투수 코치
	2014 - 2017 LG트윈스 감독
	2019 롯데자이언츠 감독

87 KIM MIN HO
김민호

타격 코치　좌투좌타

생년월일	1961. 04. 28
체격	183 cm / 82 kg
출신 학교	성서초 - 부산동성중 - 부산고 - 동국대
주요 경력	2025 한화이글스 1군 타격 코치

85 JUNG HYUN SUK
정현석

타격 코치　우투우타

생년월일	1984. 03. 01
체격	182 cm / 93 kg
출신 학교	유천초 - 한밭중 - 대전고 - 경희대
주요 경력	2022 한화이글스 퓨처스 타격 코치
	2021 한화이글스 잔류군 타격 코치
	2020 한화이글스 퓨처스 타격 코치
	2018 - 2019 한화이글스 육성군 타격 코치

Coach

83 KIM WOO SEOK
김우석

수비 코치 우투우타

생년월일	1975. 09. 02
체격	181 cm / 79 kg
출신 학교	인천석천초 - 상인천중 - 인천고 - 홍익대

주요 경력
- 2024 한화이글스 1군 수비 코치
- 2023 두산베어스 2군 수비 코치
- 2021 - 2022 LG트윈스 1군 수비 코치
- 2015 - 2021 LG트윈스 2군 수비 코치

82 KIM JAE GUL
김재걸

3루 / 작전 코치 우투우타

생년월일	1972. 09. 07
체격	177 cm / 70 kg
출신 학교	영일초 - 우신중 - 덕수상고 - 단국대

주요 경력
- 2002 - 2003 LG트윈스 1군 투수 코치
- 2004 - 2005 롯데자이언츠 감독
- 2007 - 2008 LG트윈스 1군 투수 코치
- 2010 롯데자이언츠 1군 투수 코치
- 2014 - 2017 LG트윈스 감독
- 2019 롯데자이언츠 감독

91 CHOO SEUNG WOO
추승우

1루 / 외야 수비 코치 우투좌타

생년월일	1979. 09. 24
체격	187 cm / 74 kg
출신 학교	서울 공연초 - 청주중 - 청주기계공고 - 성균관대
주요 경력	2020 한화이글스 퓨처스 작전 / 주루 코치
	2018 - 2019 한화이글스 육성군 작전 / 주루 코치
	2015 - 2017 상무 피닉스 야구단 수비 코치

90 KIM JUNG MIN
김정민

배터리 코치 우투우타

생년월일	1970. 03. 15
체격	183 cm / 81 kg
출신 학교	가양초 - 한밭중 - 북일고 - 영남대
주요 경력	2023 한화이글스 1군 배터리 코치
	2021 LG트윈스 1군 배터리 코치
	2019 - 2020 LG트윈스 2군 배터리 코치
	2014 - 2018 LG트윈스 1군 배터리 코치
	2013 - 2014 LG트윈스 2군 배터리 코치
	2011 - 2012 LG트윈스 1군 배터리 코치

Coach

80   KO DONG JIN
고동진

전력 분석 좌투좌타

생년월일	1980. 04. 01
체격	183 cm / 85 kg
출신 학교	대전 중리초 - 한밭중 - 대전고 - 성균관대

주요 경력
- 2021 한화이글스 퓨처스 1루 / 외야수비 코치
- 2017 - 2020 한화이글스 1군 주루 코치
- 2017 한화이글스 1군 타격보조 코치
- 2017 한화이글스 퓨처스 주루 코치

76   YUN KYU JIN
윤규진

불펜 코치 우투우타

생년월일	1984. 07. 28
체격	187 cm / 91 kg
출신 학교	대전 신흥초 - 충남중 - 대전고 - 대전대

주요 경력
- 2022 한화이글스 잔류군 투수 코치

84 LEE JI POONG
이지풍

수석 트레이닝 코치

생년월일	1978. 11. 01
체격	178 cm / 80 kg
출신 학교	당평초 - 개성중 - 개금고 - 고려대

주요 경력	2004 - 2007 현대유니콘스 트레이너
	2008 - 2009 히어로즈 수석 트레이너
	2010 - 2017 넥센히어로즈 트레이닝 코치
	2018 - 2019 KT WIZ 트레이닝 코치
	2020 SK 와이번스 컨디셔닝 코치
	2022 한화이글스 수석 트레이닝 코치

EAGLES COACH

김형욱 코치

한화이글스 코칭 스탭

김경문 감독 & 양상문 코치

김정민 코치

코칭 스탭과 선수들

양상문 코치 & 김정민 코치

정현석 코치

양승관 코치

추승우 코치

코치님들에게 보내는 글

평일 새벽 이른 시간, 훈련장의 밝은 조명이 하나둘 켜집니다.

관중석이 채워지기 전, '누가 본다' '누가 알아 줄까'를 넘어서 다시 한 걸음 더 나아가 준비하는 이들이 코치님들입니다.

그분들은 경기 전에 뜨거운 햇살 아래서 그라운드를 점검하고, 선수 한 명 한 명의 자세를 바라봅니다.

투수들의 팔 각도와 가벼운 불편함까지 놓치지 않고, 타자들의 스윙 궤적과 눈빛에서 피로감을 읽어 냅니다.

앞으로 나올 누군가의 홈런 뒤에는, 그늘 속에서 반복해 체크했던 스윙 밸런스가 있고,

지친 어깨 뒤에는 조용히 다가와 붙잡은 스트레칭이 있습니다.

훈련이 끝난 뒤에도 그들의 하루는 멈추지 않습니다.

냉·온 찜질로 몸을 정리하고, 영상실에 앉아 오늘의 데이터를 보고, 내일의 시나리오를 그립니다.

이 과정은 관중의 박수도, 언론의 카메라도 아닌 '보이지 않는 곳'에서 이뤄집니다.

그럼에도 그분들은 묵묵히 자리를 지킵니다. 왜냐하면 그늘이 있어야 빛이 더 밝아지니까요.

누군가는 "타격 코치는 극한 직업이다"라고 말합니다.

그 말처럼 매년 변화하는 선수 구성 속에서도 새벽부터 끝날 때까지 같은 열정으로 오늘도 뛰고 있습니다.

어느 순간엔 결과가 보이고, 또 어느 순간엔 눈에 띄지 않지만 분명히 팀을 지탱하는 굳건한 축이 되어 줍니다.

특히 트레이닝 코치님들은 "야구에 적합한 몸과 마음을 만드는 일"이라며, 단순한 운동을 넘어 회복과 멘탈까지 챙깁니다.

매 시즌 144경기를 준비하는 선수들이 100 %에 가깝게 준비할 수 있도록 켜켜이 쌓아 온 그 노력이, 결국 시즌 중반 뒤집혀지는 흐름을 만들어 냅니다.

그래서 우리는 감사를 전하고 싶습니다.

경기장이 뜨겁게 달아오르면, 그 뒤편에 있는 차가운 얼음팩과, 조용히 점점 달궈지는 실내 체육관, 밤 늦도록 남아 공유된 영상 데이터 폴더가 있다는 것을.

선수의 웃는 얼굴만큼이나, 그 웃음을 위해 밤새 직접 뛰어다닌 코치님의 발걸음이 있다는 것을.

그분들의 수고가 없었다면, 한 걸음 더 나아가기 어려웠을 겁니다.

그늘과 빛 둘 다를 아우르며, 팀의 뒤에서 앞을 지켜온 그 존재 덕분에 우리는 오늘 또 한 번 함성을 지를 수 있습니다.

보이지 않는 곳에서 묵묵히 뒤를 받쳐 주신 코치님들께,

그리고 지금 이 순간도 '우리'를 위해 준비하고 계신 모든 코치님께 감사의 인사를 드립니다.

이번 화보집엔 지면이 많지 않아 모든 코치들과 선수들을 전부 표기하지 못했습니다.

한국시리즈 엔트리를 바탕으로 구성한 점 다시 한 번 죄송하게 생각하며

정말 감사합니다.

한국시리즈 선수들
EAGLES ROSTER

EAGLES

마운드의 고독한 불꽃, 투수에게

당신이 던지는 공 하나하나에 우리는 심장을 걸었습니다.

아무도 모르게 밤마다 손끝의 감각을 다듬고, 무거운 어깨를 이끌고 다시 마운드에 올랐던 날들.

팬들은 그 고독한 싸움을 다 지켜봤습니다.

점수판이 흔들려도, 스스로를 다잡던 그 눈빛에서 우리는 팀의 믿음을 봤습니다.

당신이 던진 공은 단지 공이 아니었습니다.

그것은 희망의 궤적이요 우리가 다시 야구장을 찾게 만든 이유였습니다.

오늘의 승리도, 어제의 눈물도, 모두 당신이 있었기에 가능합니다.

"마운드 위에서 외로웠겠지만, 당신은 결코 혼자가 아니었습니다."

팬들이 보내는, 가장 뜨거운 박수와 함께

Pitchers

99 RYU HYUN JIN
류현진

투수	좌투우타
생년월일	1987. 03. 25
체격	190 cm / 113 kg
출신 학교	인천 창영초 - 동산중 - 동산고 - 대전대
주요 경력	2006 한화이글스 (2차 1지명) 입단
	2006 프로야구 최우수선수, 방어율 1위, 최다승리투수, 최다탈삼진, 최우수신인상 수상
	2008 베이징 올림픽 국가대표
	2009 제2회 WBC 국가대표 (준우승)
	2010 광저우 아시안게임 국가대표

Pitchers

30 CODY JOSEPH PONCE
폰세

투수	우투우타
생년월일	1994. 04. 25
체격	198 cm / 115 kg
출신 학교	California State Polytechnic University
주요 경력	2025 한화이글스 입단

55 RYAN MICHAEL WEISS
와이스

투수	우투우타
생년월일	1996. 12. 10
체격	193 cm / 95 kg
출신 학교	Wright State University
주요 경력	2024 한화이글스 입단

Pitchers

1 MOON DONG JU
문동주

투수	우투우타
생년월일	2003. 12. 23
체격	188 cm / 97 kg
출신 학교	광주화정초 - 광주무등중 - 광주진흥고
주요 경력	2022 한화이글스 입단

44 KIM SEO HYUN
김서현

투수　　우투우타

생년월일　2004. 05. 31

체격　　188 cm / 86 kg

출신 학교　효제초 - 자양중 - 서울고

주요 경력　2023 한화이글스 입단

Pitchers

47 KIM BEOM SU
김범수

투수	좌투좌타
생년월일	1995. 10. 03
체격	181 cm / 92 kg
출신 학교	온양온천초 - 온양중 - 북일고
주요 경력	2015 한화이글스 입단

58 PARK SANG WON
박상원

투수 우투우타

생년월일 1994. 09. 09
체격 187 cm / 98 kg
출신 학교 백운초 - 이수중 - 휘문고 - 연세대

주요 경력 2017 한화이글스

Pitchers

26   HAN SEUNG HYUK
한승혁

투수	우투우타
생년월일	1993. 01. 03
체격	185 cm / 100 kg
출신 학교	도신초 - 강남중 - 덕수고
주요 경력	2011 KIA타이거즈 2022 한화이글스

29   HWANG JUN SEO
황준서

투수	좌투좌타
생년월일	2005. 08. 22
체격	185 cm / 78 kg
출신 학교	면일초(중랑구리틀) - 상명중 - 장충고
주요 경력	2023 한화이글스 입단

38 KIM JONG SOO
김종수

투수	우투우타
생년월일	1994. 06. 03
체격	180 cm / 88 kg
출신 학교	성동초 - 덕수중 - 울산공고
주요 경력	2013 한화이글스 입단

43 JEONG WOO JOO
정우주

투수	우투우타
생년월일	2006. 11. 07
체격	184 cm / 88 kg
출신 학교	경기남양주리틀 - 구남초 - 건대부중 - 전주고
주요 경력	2025 한화이글스 입단

Pitchers

49 YUN SAN HEUM
윤산흠

투수	우투우타
생년월일	1999. 05. 15
체격	178 cm / 74 kg
출신 학교	광주화정초 - 진흥중 - 고창영선고
주요 경력	2018 파주 챌린저스 2019 - 2020 두산베어스 2021 스코어본 하이에나들 2021 한화이글스

66 JU HYUN SANG
주현상

투수	좌투좌타
생년월일	1992. 08. 10
체격	177 cm / 92 kg
출신 학교	우암초 - 청주중 - 청주고 - 동아대
주요 경력	2023 한화이글스

68 CHO DONG UK
조동욱

투수	좌투좌타
생년월일	2004. 11. 02
체격	190 cm / 82 kg
출신 학교	소래초 - 영남중 - 장충고
주요 경력	2024 한화이글스 입단

한국시리즈 선수들
EAGLES ROSTER

EAGLES

그림자 속에서 팀을 지탱한 사람, 포수에게

수많은 투수가 던지고, 수많은 공이 날아갔습니다.

하지만 그 모든 순간을 당신이 품었습니다.

그 누구보다 많은 공을 맞고, 누구보다 많은 사인을 내밀며,

누구보다 많은 책임을 짊어진 사람.

마운드와 더그아웃, 그 사이의 조용한 목소리로 팀의 리듬을 만들던

당신의 존재를 팬들은 잊지 않았습니다.

투수가 믿고 던질 수 있었던 건, 그 뒤에 당신이 있었기 때문입니다.

포수 마스크 안의 땀방울, 손바닥에 남은 타구의 자국까지 —

그 모든 것이 한화의 역사입니다.

"당신은 눈에 띄지 않아도, 언제나 가장 가까운 곳에서 우리를 지켰습니다."

이글스를 이끌어 주심에 감사하며, 진심을 담아

Catchers

13 CHOI JAE HOON
최재훈

포수 우투우타

생년월일 1989. 08. 27
체격 178 cm / 94 kg
출신 학교 화곡초 - 덕수중 - 덕수고 - 방송통신대

주요 경력 2008 - 2017 두산베어스
2017 한화이글스

Catchers

20 LEE JAE WON
이재원

포수	우투우타
생년월일	1988. 02. 24
체격	185 cm / 98 kg
출신 학교	숭의초 - 삼인천중 - 인천고
주요 경력	2006 - 2023 SK와이번스 / SSG 랜더스 2024 한화이글스

59 HEO IN SEO
허인서

포수	우투우타
생년월일	2003. 07. 11
체격	182 cm / 93 kg
출신 학교	순천북초 - 여수중 - 순천효천고
주요 경력	2022 한화이글스 입단

한국시리즈 선수들
EAGLES ROSTER

EAGLES

한 걸음 빠른 판단과 한순간의 집중, 내야수에게

당신의 글러브가 공을 삼키는 그 찰나, 우리는 안도했습니다.

흙먼지 위를 스치는 빠른 송구, 짧은 순간에 펼쳐지는 완벽한 루틴 속엔 수많은 연습과 고통의 시간이 숨어 있겠지요.

한 발 빠른 예측, 한순간의 집중으로 당신은 언제나 수비의 중심에 서 있었습니다.

팬들은 안다는 듯, 그 찰나의 '탁!' 하는 소리만으로도 당신의 존재를 느낍니다.

긴 이닝 끝, 주먹을 불끈 쥐며 서로를 격려하던 모습, 그 한 장면이 우리를 이끌어 왔습니다.

"공 하나에 담긴 집중의 역사, 그건 곧 한화의 수비 철학입니다."

흙먼지 속에서 빛난 당신에게

Batter / Infielders

22 CHAE EUN SEONG
채은성

내야수 우투우타

생년월일 1990. 02. 26
체격 186 cm / 92 kg
출신 학교 순천북초 - 순천이수중 - 순천효천고

주요 경력 2009 - 2022 LG트윈스
2023 한화이글스

Batter / Infielders

8 ROH SI HWAN
노시환

내야수	우투우타
생년월일	2000. 12. 03
체격	185 cm / 96 kg
출신 학교	수영초 - 경남중 - 경남고
주요 경력	2019 한화이글스 입단

16 HA JU SUK
하주석

내야수   우투좌타

생년월일   1994. 02 .25
체격   185 cm / 96 kg
출신 학교   서울 강남초 - 덕수중 - 신일고

주요 경력   2012 한화이글스

Batter / Infielders

2   SIM WOO JUN
심우준

내야수	우투우타
생년월일	1995. 04. 28
체격	183 cm / 79 kg
출신 학교	송정동초 - 언북중 - 경기고
주요 경력	2014 - 2024 KT WIZ 2025 한화이글스

7   LEE DO YUN
이도윤

내야수	우투좌타
생년월일	1996. 10. 07
체격	175 cm / 79 kg
출신 학교	고영초 - 배재중 - 북일고
주요 경력	2015 한화이글스 입단

51 MOON HYUN BIN
문현빈

내야수	우투좌타
생년월일	2004. 04. 20
체격	174 cm / 82 kg
출신 학교	유천초 - 온양중 - 북일고
주요 경력	2023 한화이글스 입단

95 HWANG YOUNG MOOK
황영묵

내야수	우투좌타
생년월일	1999. 10. 16
체격	177 cm / 80 kg
출신 학교	수진초 - 성일중 - 충훈고
주요 경력	2019 성남 블루팬더스
	2021 스코어본 하이에나들
	2022 - 2023 연천 미라클
	2024 한화이글스

한국시리즈 선수들
EAGLES ROSTER

EAGLES

끝없는 하늘 아래의 당신, 외야수에게

푸른 외야를 가르는 당신의 발걸음은 마치 하늘과 맞닿아 있었습니다.

태양빛이 쏟아지는 낮 경기에도, 어둠이 내린 야간에도

당신은 언제나 하늘을 수호하는 사람이었습니다.

누구보다 먼 거리를 뛰고, 누구보다 높이 뛰어올라 공 하나를 끝까지 포기하지 않았던 그 모습.

팬들은 그 순간, 당신이 잡아낸 공보다도 당신의 열정을 더 크게 기억합니다.

스탠드에서 울려 퍼진 "잡았다!"의 함성 속엔 우리가 함께 이긴 순간이 담겨 있었지요.

"끝없는 하늘을 지키는 이름, 당신이 있어 한화의 하늘은 더 높습니다."

외야의 수호자들에게, 진심을 담아

Batter / Outfielders

31   SON AH SEOP
손아섭

외야수	우투좌타
생년월일	1988. 03. 18
체격	174 cm / 84 kg
출신 학교	양정초 - 부산개성중 - 부산고
주요 경력	2007 - 2021 롯데자이언츠
	2022 - 2025 NC다이노스
	2025 한화이글스

Batter / Infielders

10
LEE JIN YOUNG
이진영

외야수	1997. 07. 21
생년월일	2000. 12. 03
체격	183 cm / 89 kg
출신 학교	둔촌초 - 선린중 - 선린인터넷고
주요 경력	2016 - 2022 KIA타이거즈
	2022 한화이글스

0 LUIS DAVID LIBERATO GRULLON
리베라토

외야수	좌투좌타
생년월일	1995. 12. 18
체격	185 cm / 79 kg
출신 학교	Esperanza Milena Martinez High School
주요 경력	2022 - 2024 샌디에이고 파드리스
	2025 한화이글스

Pitchers

41 CHOI IN HO
최인호

외야수	우투좌타
생년월일	2000. 01. 30
체격	178 cm / 82 kg
출신 학교	광주 송정동초 - 동성중 - 포철고
주요 경력	2020 한화이글스

50 LEE WON SEOK
이원석

외야수	우투우타
생년월일	1999. 03. 31
체격	177 cm / 69 kg
출신 학교	화곡초 - 충암중 - 충암고
주요 경력	2018 한화이글스

25 KIM TAE YEAN
김태연

외야수	우투우타
생년월일	1997. 06. 10
체격	178 cm / 99 kg
출신 학교	청구초 - 덕수중 - 야탑고
주요 경력	2016 한화이글스 입단

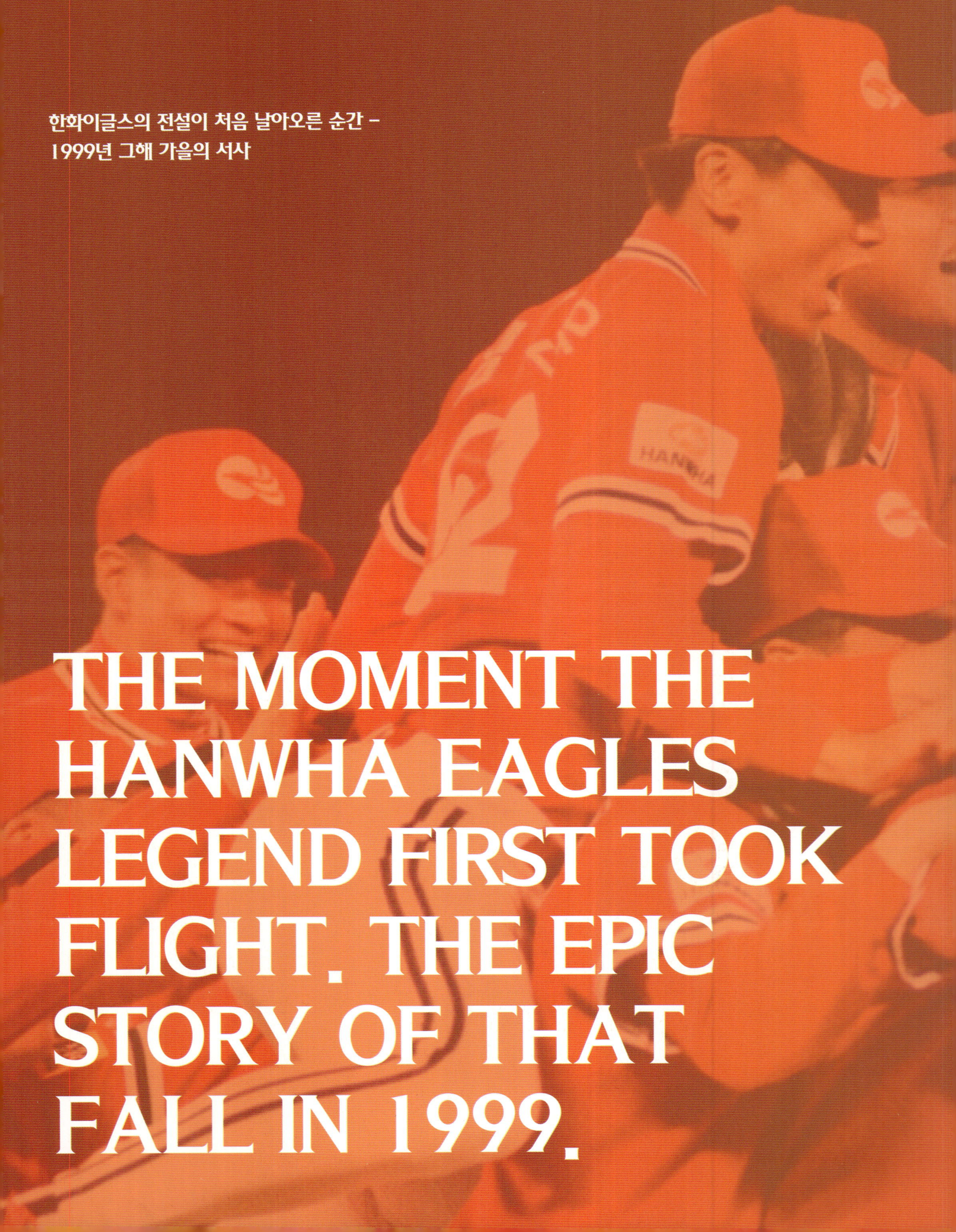

한화이글스의 전설이 처음 날아오른 순간 –
1999년 그해 가을의 서사

THE MOMENT THE HANWHA EAGLES LEGEND FIRST TOOK FLIGHT. THE EPIC STORY OF THAT FALL IN 1999.

2025 POST SEASON

FANBOOK

1999

한화의 전설이 처음 날아오른 영광의 순간

1999 한국시리즈 개막전, 우리가 만든 기적은 아직 끝나지 않았다.

2025 POST SEASON　　　　　　　　　　　　　　　　　　　　　　　　　　　　　　　　　　FANBOOK

기적의 9회,
믿음이 홈으로 달렸다!

1999년 6회 초 역전 2점 홈런을 친 최익성 선수.

2025 POST SEASON　　　　　　　　　　　　　　　　　　　　　　　　　　　　　　　　　　FANBOOK

35번 장종훈,
그는 언제나 한화의 승리를 이끌었고
동료들과 그 환희를 함께했다

그의 발끝이 흙을 밟는 순간, 대전의 하늘이 흔들렸다.

1999년의 밤,

이 순간을 기억하라 - 한화의 첫 별이 뜬 날

2025 POST SEASON　　　　　　　　　　　　　　　　　　　　　　　　　　　　　　　　FANBOOK

주황빛은 별이 되어 흩어졌다

그들은 단 한마디 없이 울었다. 그것이면 충분했다.

한 세대의 열정이 다음 세대의 품으로 옮겨가던 밤

모든 순간의 끝에는 구대성이 있었다.

이 밤, 우리는 단 한 점의 패배도 허락하지 않았다.

2025 POST SEASON　　　　　　　　　　　　　　　　　　　　　　　　　　　　　　　　FANBOOK

그날의 응원은 단순한 소리가 아니라
믿음의 고백이었다

팬이란, 이길 때만이 아니라 지더라도 함께 있는 사람이다.

이 함성은 한 시즌이 아니라, 한 세대를 넘어 이어진다.
그들의 신념은 단 한 문장 "끝까지 믿는다."

한화의 전설들

한 세대의 마운드를 지탱한 불멸의 어깨들

송진우 은퇴식 특수 제작된 마운드 발판

그의 공은 빠르지 않았다. 하지만 누구보다 멀리 닿았다.

송진우의 200승 투혼

한화의 마운드는, 그의 어깨 위에서 완성되었다.

1999년의 영광을 넘어, 그는 여전히 던지고 있었다.

그의 투구는 공이 아니라, 믿음이었다.

한화의 마운드를 지킨 불꽃의 심장, 구대성

투혼은 훈련으로 만들어지지 않는다. 오직 열정으로 태어난다.

눈빛 하나로, 상대의 심장을 멈추게 하던 사나이.

한화의 마운드와
품격으로 지켜낸 남자
정민철

경기보다, 기록보다 한화의 이름을 더 오래 던진 남자.

그의 투구에는 속도가 아니라 책임이 있었다.

팬들은 그의 마지막 공을 기억한다. 그것은 이글스의 품격이었다.

박찬호의 품 안에 한화의 미래가 있었다

세대를 잇는 두 별, 다시 같은 하늘 아래

2025 POST SEASON · FANBOOK

그의 어깨 위에서 또 다른 전설이 자랐다.

한 시대가 끝날 때. 다른 시대는 이렇게 시작된다.

새로운 세대와 계승

한화의 4번 타자는 사라지지 않는다. 그 자리는 아직도 그의 이름을 부른다.

한화의 중심, 김태균
방망이보다 무거웠던 책임

한화의 4번은 단지 타순이 아니었다.
그것은 책임의 순서였다.

레전드는 떠나지 않는다
단지 돌아올 뿐

레전드란, 다시 돌아와도 여전히 같은 박수를 받는 사람이다.

시간은 흘렀지만, 마운드는 여전히 그를 기억했다.

이 등번호를 기억하시나요?

2022년 레전드 40인에 선정된 4인.

2018년 장종훈 / 한용덕 / 송진우

한화의 새로운 세대는 그렇게 웃으며 등장했다

무거운 유니폼을 입었지만, 그 어깨 위엔
두려움이 아닌 자신감이 있었다.

박찬호 / 류현진, 2024년에 다저스
더그아웃에 방문한 모습

HANWHA EAGLES

팬과 함께한 이야기

구단의 역사보다 더 오래된 건,
팬의 믿음이었다

선수들이 투혼을 던질 때, 팬들은 목소리로 공을 던졌다.